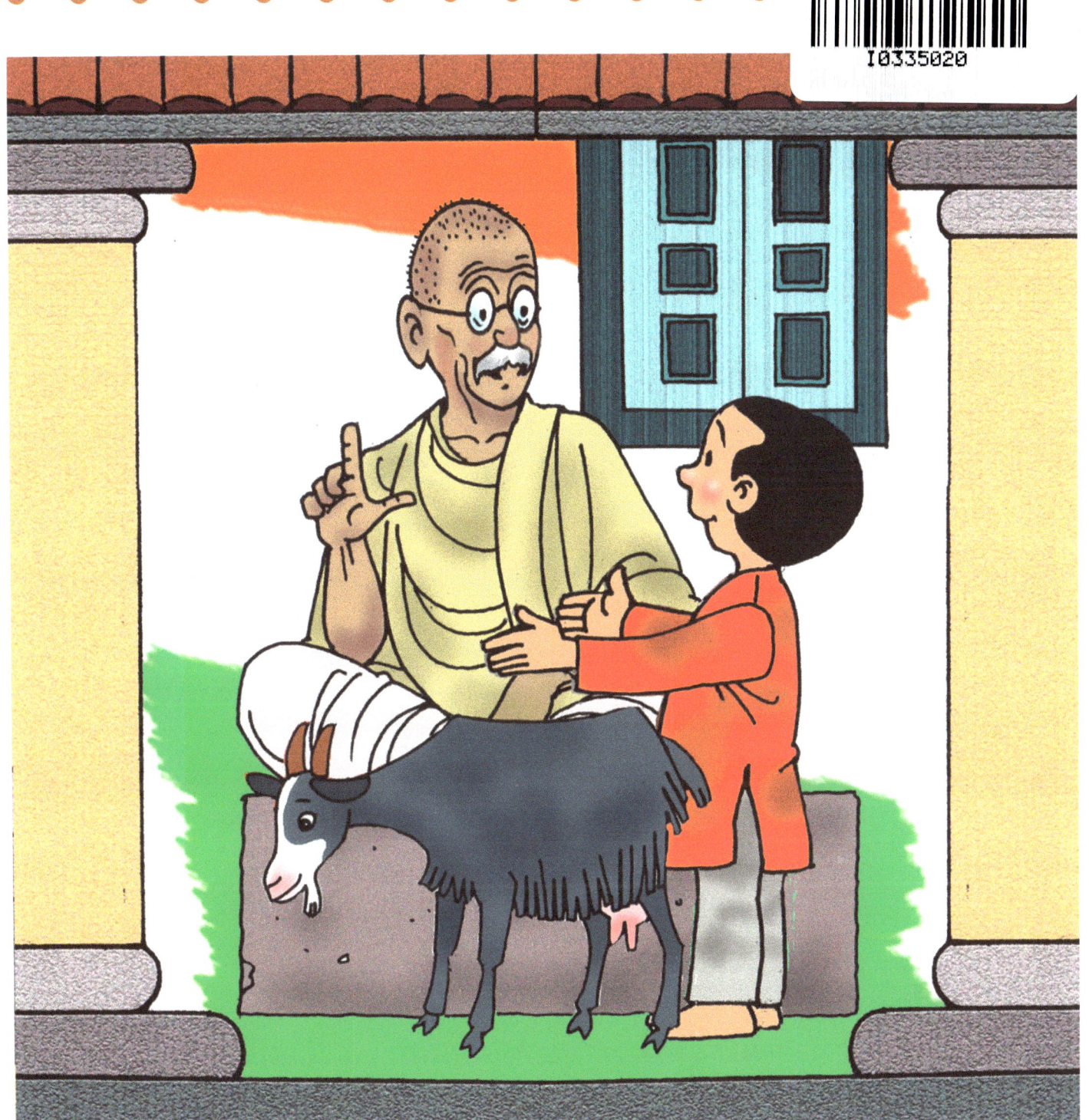

Máirseáil ar Son na Saoirse

Údar: Subhadra Sen Gupta
Maisitheoir: Tapas Guha
Aistritheoir: Gabriel Rosenstock

Bhí a fhios ag Dhani go raibh rud éigin ar bun!

"Ní insíonn éinne aon ní dom san *ashram* seo," ar seisean, "toisc nach bhfuilim ach naoi mbliana d'aois. Ceapann siad nach dtuigim faic! Tuigimse a lán!"

Bhí cónaí ar Dhani agus a thuismitheoirí in áit an-speisialta, an *ashram* a bhí ag Mahatma Gandhi, Ashram Sabarmati, gar d'Ahmedabad san India. Bhí daoine ann ó chian is ó chóngar agus iad go léir ag troid — go síochánta — ar son na saoirse. (*Saghas sráidbhaile beag is ea ashram ina gcónaíonn daoine a bhfuil na prionsabail agus an dearcadh céanna acu: sa chás seo, is saoirse agus síocháin a bhí uathu.*)

Bhí gach éinne ag obair go dícheallach san ashram, ag cócaireacht, ag tarraingt uisce ón tobar, ag crú na mbó is na ngabhar, ag cur glasraí ag fás. Bhí jab ag Dhani freisin — aire a thabhairt don ghabhar, Binni. Thaitin an jab sin leis. Thaitin Binni leis. Agus thaitin bainne gabhair le Gandhiji!

(*Cuirtear '-ji' le hainm mar chomhartha ómóis. Bhí leasainmneacha éagsúla ar Gandhi: Mahatma, a chiallaíonn 'anam mór'; Bapu a chiallaíonn 'athair' i dteangacha thuaisceart na hIndia, ina measc an Ghúisearáitis, teanga dhúchais Gandhi. Dúirt sé uair amháin go gcaithfear na Sasanaigh a chaitheamh amach as an India — agus a dteanga is a gcuid nósanna chomh maith! Tháinig deireadh le ré na Sasanach san India ach — ar nós na hÉireann — níor tháinig deireadh le teanga ná le cultúr Shasana ann.*)

An mhaidin sin, chuir Dhani uisce úr i mbabhla an ghabhair, Binni, agus thug béile féir di. Ar seisean léi:

"Tá fuadar éigin fúthu! Cad atá beartaithe acu a dhéanamh n'fheadar?" Is ag cogaint léi go séimh a bhí Binni. Ní ag smaoineamh ar shaoirse na tíre a bhí sí! Nuair a bhí dóthain ite aici, lean sí Dhani isteach sa chistin. Bhí máthair Dhani an-ghnóthach, mar is gnách.

"A mháithrín," arsa an buachaill óg, "an bhfuil rud éigin beartaithe ag Gandhiji? Tá, nach bhfuil? Nach bhfuil?!"

"Tá, a thaisce. Tá scata acu ag dul ag máirseáil!"

"Dáiríre? An bhfuil? Cathain? Cá raghaidh siad?"

"N'fheadar, cois cósta áit éigin. Tabhair aire do do ghnó féin anois agus lig domsa dul ar aghaidh leis an gcócaireacht."

Amach le Dhani agus Binni. Chonaic siad sean-Bhinda ag baint phrátaí.

"Beidh a fhios ag Binda," arsa Dhani le Binni. Thosaigh Binni ag meigeallach go meidhreach.

"*Namaste!* A shean-Bhinda, an bhfuil tusa ag dul ag máirseáil chomh maith?" Sula raibh deis ag Binda freagra a thabhairt air, bhí scata ceisteanna eile ag an leaid óg:

"Cé a bheidh ag máirseáil? Cad chuige é? Cad atá laistiar de? Cá raghaidh siad? Cad atá ag tarlú?"

"Nóiméad amháin. Sula ndéarfaidh mé aon rud leat, coinnigh do ghabhairín amach ó na glasraí led' thoil!"

Tharraing Dhani an gabhairín ó na dosanna cabáiste agus cheangail í de chrann líomóidí.

"Fan socair anois!" ar seisean le Binni.

D'inis Binda dó ansin go raibh beartaithe ag Gandhiji máirseáil go dtí an cósta. Thógfadh sé mí orthu. An plean ná salann an tsáile a ardú leo.

Salann an tsáile a ardú leo? Níor thuig Dhani rómhaith é. An raibh rud éigin speisialta ag baint leis an salann a bhí acu in Dandi?

"Cén fáth dul go Dandi le haghaidh salainn? Nach bhfuil salann i ngach siopa sa tír?"

Gháir Binda. "Is fíor, tá! Cogar, a bhuachaill, cad is brí le Satyagraha?"

Bhí an focal cloiste go mion minic ag an leaid óg. Seasamh ar son na fírinne agus na Sasanaigh a chaitheamh amach, gan fórsa a úsáid. B'in an bhrí a bhí le Satyagraha.

(Bhí éifeacht ag an easumhlaíocht shibhialta sin (civil disobedience) *ar dhaoine a tháinig i ndiaidh Gandhiji: An Dochtúir Martin Luther King i Meiriceá agus síochánaithe Thuaisceart Éireann, mar shampla).*

"Cén bhaint atá ag Satyagraha le salann?" arsa Dhani.

"Tá monaplacht ag na Sasanaigh ar an salann, a mhic-ó. Gearrann siad cáin air. Riachtanas is ea salann dúinn go léir. Caithfidh gach éinne — an tIndiach is boichte sa tír — an cháin salainn sin a íoc."

"Níl sé sin ceart ná cóir! Táimse ag dul ag máirseáil go Dandi!" arsa Dhani. "Fan go bhfeicfidh tú!"

"Smaoinigh air," arsa an seangharraíodóir. "Níl cead ag an Indiach salann a dhéanamh dó féin gan cáin a íoc! D'iarr Mahatamaji ar na húdaráis Shasanacha an cháin sin a chur ar ceal ach bheadh sé chomh maith aige a bheith ag caint leis an mballa. Mar sin, chuala sé an sáile ag glaoch air ón gcósta. Agus tá máirseáil Satyagraha ar na bacáin, a mhic-ó!"

"Thar barr! Ach . . . is aistear fada é. Cén fáth nach dtógfaidís bus nó traein go Dandi?"

"Má mháirseálann Gandhiji agus a lucht leanúna an bealach ar fad go Dandi, scaipfidh an scéal ar luas lasrach!" arsa an seangharraíodóir. "Beidh grianghraif sna nuachtáin agus tuairiscí á gcraoladh ar an raidió. Tuigfidh an domhan ansin gur ag streachailt ar son na saoirse atá an India agus nach bhfuil cothrom na Féinne á fháil againn ón Impireacht!"

Bhí súile an bhuachalla ag lonrú.

"Bapuji! Tá sé cliste, nach bhfuil?"

"Ohó! Agus an-chliste. Tá scríofa aige chuig Fear Ionaid an Rí agus foláireamh tugtha aige dó a bheith ag faire amach dóibh!"

"Há há! Mahatma Gandhi go deo!"

Níos déanaí an mhaidin sin, chuaigh Dhani agus a ghabhairín go dtí bothán Gandhiji agus d'fhéach tríd an bhfuinneog. Chuala Dhani an slua istigh agus an mháirseáil go Dandi á plé acu. Bhí áthas an domhain air nuair a chonaic sé a athair féin sa chuideachta. Líon a chroí le mórtas.

Bíonn an ashram i gcónaí níos ciúine san iarnóin agus chuaigh Dhani ar lorg a athar tar éis lóin. Faoi chrann a bhí sé agus é ag sníomh. Mhol Gandhiji dá lucht leanúna gan faisean Shasana a leanúint. 'Déanaimis ár gcultacha traidisiúnta féin a shníomh agus bíodh an treabhsar ag an Sasanach!' arsa Gandhiji. (Theastaigh ó Chonradh na Gaeilge an rud céanna a dhéanamh — an treabhsar a chaitheamh amach agus feisteas Éireannach a thabhairt ar ais. Bhuaigh an treabhsar, áfach).

"A Dhaid," ar seisean, "an bhfuil tusa agus Mamaí ag dul ag máirseáil go Dandi?"

"Táimse ag dul ann cinnte," arsa a Dhaid ar ais leis, "fanfaidh tusa agus Mamaí anseo."

"Táimse ag dul leat!"

"Níl, a bhuachaill . . . is iad fir óga an ashram atá roghnaithe ag Bapuji agus iad sin amháin."

"Táimse naoi mbliana d'aois agus táimse in ann rith níos tapúla ná thusa!" arsa Dhani. Nach é a bhí ceanndána! Bhioraigh Binni a cluasa.

Stop a Dhaid dá shníomh agus ar seisean: "Munar roghnaigh Bapuji thú le bheith linn, ní bheidh tú linn agus sin sin!"

"Seo linn!" arsa Dhani le Binni agus goimh air. As go brách leo.

An mbeadh sé in ann labhairt le Gandhiji agus cead a fháil uaidh dul ar an máirseáil leo? Bhí a fhios ag Dhani cé chomh gnóthach is a bhíonn Gandhi ach bheadh sé leis féin maidin amárach agus cigireacht á déanamh aige ar an ashram.

An mhaidin dár gcionn roimh ghiolcadh an ghealbhain, bhí Dhani ina shuí. Nigh sé é féin, thug slogadh na lachan dá bhricfeasta agus amach leis. Tháinig sé ar Gandhiji i gcró na mbó. As sin chuaigh Gandhiji go dtí an gairdín. Mochóirí eile ab ea Binda, an garraíodóir, agus é ag tochailt cheana féin.

Bhí Dhani agus Binni á leanúint an t-am ar fad.

Chuala siad cantaireacht aoibhinn ansin agus dhúnadar na súile: Tohi mohi . . . mohi tohi . . . antara kasa antara kasa!

Nuair a d'oscail Dhani agus Binni na súile arís, bhí Gandhi imithe.

Rith siad i dtreo bhothán Gandhi. Suite laistiar dá thuirne sa vearanda a bhí sé agus é ag sníomh.

Ghlaoigh sé ar an mbuachaill:

"Gabh i leith. Cad is ainm duitse?"

"Is mise Dhani."

"Is tú gan dabht. Agus Binni, nach ea?"

"Díreach é, Bapuji. Agus chuala mé tú á rá gurb ag Binni atá an bainne is blasta san ashram."

D'fhéach sé idir an dá shúil ar an ngabhairín, agus ansin ar an mbuachaill: "Tá sibhse dom leanúintse ó mhaidin!" ar sé.

" Tá . . . is mian liom . . ."

"Labhair amach, a gharsúin!"

"Is mian liom a fháil amach uait an mbeadh cead agam dul ag máirseáil libh. Tá mo chroí ag cur thar maoil le Satyagraha!"

"Is maith liom go bhfuil do chroí sa Satayagraha. Ach tá Dandi 385 ciliméadar uainn! Fir óga lúfara ar nós d'athar atá uaimse ar an mbóthar!"

"Níl tusa óg, Bapuji . . ."

"Níl, a mhaicín. Ach tá seantaithí agamsa ar an mbóthar! Seantaithí, a gharsúin, agus seantaithí agam ar chluain an tSasanaigh."

"Ach —"

Bhris Gandhiji isteach air: "Traochfar ar an aistear fada mé. Má thagann tusa liomsa, cé a thabharfaidh aire do Bhinni? Fan sa bhaile! Nuair a thiocfaidh mé ar ais — agus gráinnín salainn mhara agam duit — beidh bainne Bhinni uaim go géar chun neart a chur i mo ghéaga arís . . . don chéad mháirseáil eile!"

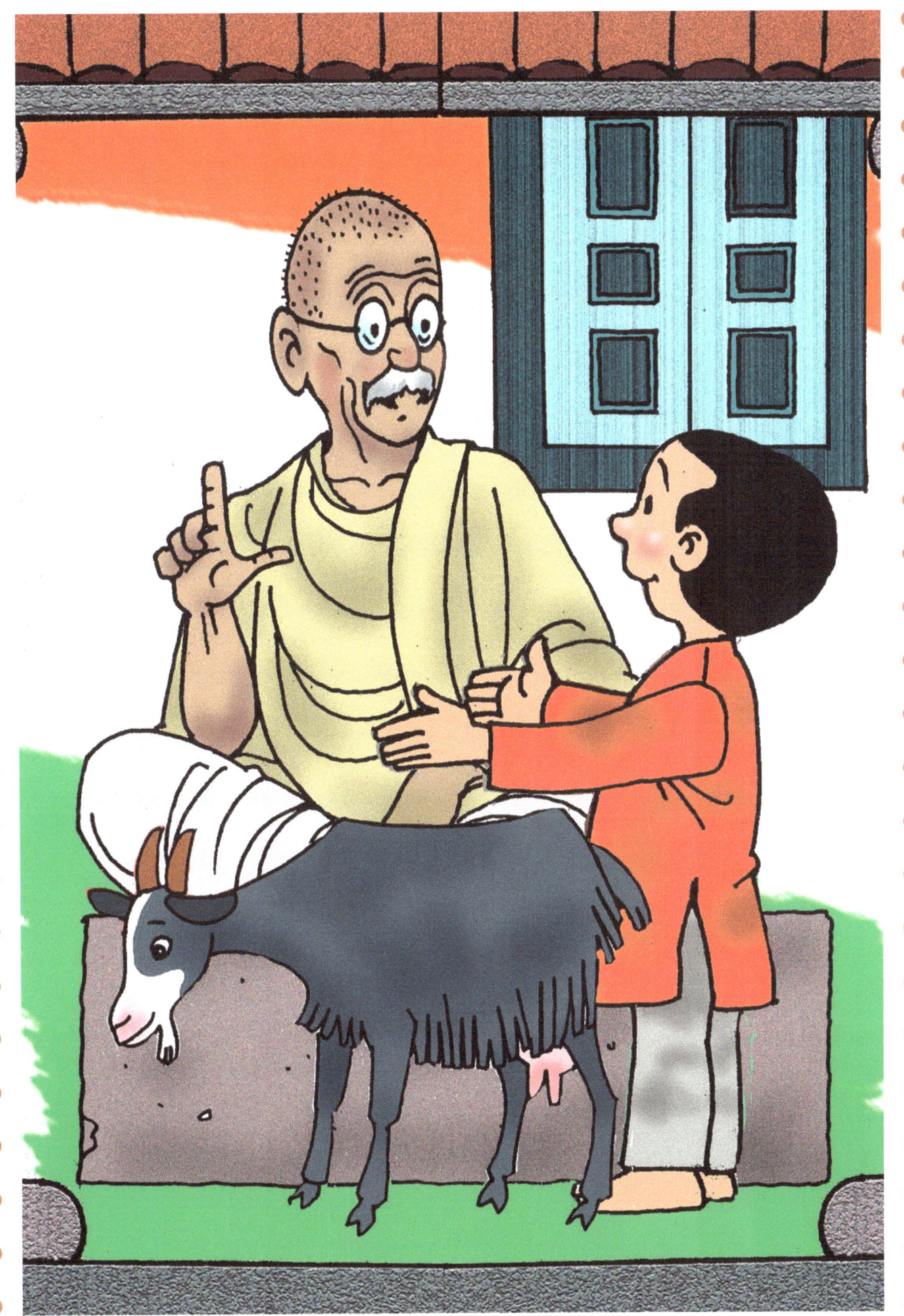

"Sea, tá an ceart agat. Is mise an duine is fearr chun aire a thabhairt do Bhinni. Tá a fhios agamsa cad a itheann sí agus cad nach n-itheann."

"Díreach é, a gharsúin," agus chuimil Gandhiji cluasa boga míne an ghabhairín. D'fhéach Dhani air agus thuig sé an grá a bhí ag Gandhiji do gach ní beo, do mhuintir na hIndia, dá naimhde fiú amháin, na Sasanaigh . . . agus do ghabhairín beag san ashram darbh ainm Binni. Ní dhéanfadh sé dearmad go deo ar an lá sin.

"Go n-éirí an bóthar libh!" arsa Dhani le Gandhiji. Bhí deora i súile na beirte acu — deora bróid, deora áthais, deora dóchais, deora an ghrá!

Aguisín:
Is deacair a shamhlú inniu cé chomh mór is a chuaigh an mháirseáil go Dandi i bhfeidhm ar mhuintir na hIndia — agus ar mhuintir an domhain trí chéile. Dúirt an scríbhneoir Indiach Arundhati Roy blianta ina dhiaidh sin (duine nár aontaigh le Gandhi faoi gach rud) gurbh é a bhí ann ná amharclannaíocht pholaitiúil den scoth! Nuair a bhuail na póilíní na máirseálaithe lena gcuid smachtíní agus iad ag iarraidh dorn salainn mhara a ardú, le taispeáint gurbh leo é agus nár leis an Sasanach bradach é, b'in tairne i gcónra na hImpireachta gan amhras ar domhan!

Fíricí agus Figiúirí

1. Ba i Márta na bliana 1930 a thosaigh Mahatma Gandhi agus a lucht leanúna ag máirseáil go Dandi mar agóid in aghaidh na mBriotanach. Shiúil siad trí stát dúchais Gandhi, Gujarat, ar feadh 24 lá. Bronnadh bláthanna orthu, canadh amhráin dóibh agus bhí cuntas ar an agóid ag nuachtáin agus ag craoltóirí an domhain.

2. Bhailigh siad salann in Dandi. Gabhadh na máirseálaithe agus caitheadh go han-gharbh leo. Bhí muintir na hIndia corraithe. Bhain siad leas as cleas Éireannach — baghcat! Cuireadh baghcat ar scoileanna, ar choláistí agus ar oifigí.

3. 78 duine a mháirseáil 385 ciliméadar le Gandhi.

4. Déagóir sé bliana déag d'aois an máirseálaí ab óige de lucht leanúna Gandhi.

5. Tá leabhar dátheangach (do dhéagóirí) saor in aisce *Walk with Gandhi: Bóthar na Saoirse* ar fáil
ANSEO: https://freekidsbooks.org/walk-with-gandhi/

Transcreated lovingly in Irish by Gabriel Rosenstock. 2025. Copyright free. (Creative Commons).
Foilsithe ar dtús ag Storyweaver, Deilí Nua. Saor ó chóipcheart.

www.ingramcontent.com/pod-product-compliance
Lightning Source LLC
Chambersburg PA
CBHW040753020526
44118CB00042B/2938